Ich, Katharina Luther,
erzähle Euch aus meinem Leben

Christiane Dalichow

Ich, Katharina Luther,

erzähle Euch aus meinem Leben

edition ✛ chrismon

Trotz sorgfältiger Nachforschung konnten nicht alle Fotografen des verwendeten Bildmaterials ausfindig gemacht werden. Selbstverständlich sind wir bereit, durch den Foto-Abdruck entstandene Verwertungsansprüche abzugelten. Wir bitten darum, sich mit uns in Verbindung zu setzen.

Bibliografische Information der Deutschen Nationalbibliothek:
Die Deutsche Nationalbibliothek verzeichnet diese Publikation in der Deutschen Nationalbibliografie; detaillierte bibliografische Daten sind im Internet über http://dnb.d-nb.de abrufbar.

Konzept: BirnsteinsBüro, Lutherstadt Wittenberg
Redaktion: Uwe Birnstein, Sonja Poppe
Foto Rückseite: Jürgen Blume / Investitions- und
Marketinggesellschaft Sachsen-Anhalt mbH
Cover: Hansisches Druck- und Verlagshaus GmbH ·
Frankfurt am Main, Anja Haß
Innengestaltung: Formenorm · Friederike Arndt, Leipzig
Druck und Binden: BELTZ Bad Langensalza GmbH

ISBN 978-3-96038-105-1
www.eva-leipzig.de

Inhalt

Herbst in Wittenberg, in meinem geliebten Schwarzen Kloster: Was für ein wundervoller Platz, an dem ich hier sitze. Danke, dass Ihr das steinerne Portal, das ich einst Martinus schenkte, nicht zerstört habt. Hier saßen wir oft in jener Zeit, an die Ihr nach 500 Jahren so gerne und so ehrfürchtig zurückdenkt. Hier war unser Zuhause, hier waren wir angekommen: der Mönch und die Nonne, beide aus der Enge des Klosterlebens und aus den Zwängen der Papstkirche befreit. Hier bekam ich unsere Kinder, hier bewirteten wir unsere Gäste, hier erlebten wir die Freuden und Nöte des Alltags.

In letzter Zeit sitze ich wieder öfter hier, unerkannt von Euch. So viele Menschen gehen an mir vorbei, Männer und Frauen, die viele Sprachen sprechen und zum Teil so aussehen, als kämen sie von weit her. Sie stehen wie gebannt in diesem wunderschönen Hof, zahlen Eintritt dafür, dass sie unsere damaligen Wohnräume und viele Schriften Martins anschauen dürfen. Sogar an unserer Latrine haben sie Interesse und an den Scherben unserer Trinkbecher – es ist erstaunlich! Manchmal erinnert mich das an die Verehrung von Heiligen, die zu meinen Lebzeiten so viele Menschen prakti-

zierten. Dabei waren wir doch ganz normale Menschen – wie Ihr!

Vor mir sehe ich eine Bronzestatue: Ein Denkmal von mir, von Katharina von Bora, der Lutherin! Ja, der Bildhauer hat mich gut getroffen, so energisch war ich tatsächlich. Verwunderlich, dass einige meinen Ring berühren, er wirkt durch die vielen Berührungen wie frisch poliert. Ach, hätten mich die Menschen damals nur so geachtet und respektiert wie Ihr es heute tut!

Andererseits freue ich mich darüber, dass mein Leben doch nicht ganz in der Versenkung der Geschichte verschwunden ist. Viele versuchten, Bücher über mich zuschreiben. Leider habt Ihr viele Briefe von mir, die ich Martinus und anderen schrieb, nicht aufbewahrt. So haben einige Schriftstellerinnen und Schriftsteller munter drauflosfantasiert, wie ich so gelebt haben könnte.

Also habe ich mich hingesetzt und aufgeschrieben, wie es wirklich war.

Katharina Luther,
geborene von Bora

Zuhause

Meine Familie gehörte zum sächsischen Landadel, aber reich waren wir nicht. Meine Eltern Hans und Margarete lebten in bescheidenen Verhältnissen auf einem Gutshof in Lippendorf südlich von Leipzig. Dort wurde ich im kalten Januar anno 1499 geboren – es war am 29., einem Montag.

Kurz darauf musste mein Vater den Hof verkaufen und wir zogen auf das kleine Gut Zülsdorf. Ich habe wenige, aber schöne Erinnerungen an meine Kindertage dort. Es war ein Bauernhof mit allerlei Vieh: Gänse, Kühe, Schweine, Schafe und Pferde. Für mich als kleines Mädchen wirkte der Hof riesengroß. Dort wuchs ich gemeinsam mit meinen Geschwistern auf und wusste ihnen stets genau zu zeigen, wo die Hühner ihre Eier versteckten. Manchmal sehe ich das alles noch heute vor meinem inneren Auge. Oh wie ich es liebte, wenn die Sonne des Morgens aufging und die frische Luft erwärmte, wenn der Duft von saftigem Gras über die Felder wehte und das Korn sich vom Wind sanft wiegen ließ!

Doch dann wieder ziehen dunkle Wolken durch meine Erinnerung. Meine Mutter starb und bald darauf gab mich Vater zur Versorgung und Erziehung ins Benediktinerinnenkloster in Brehna. Ich war erst etwa fünf Jahre alt. Nach meinen eigenen Wünschen fragte niemand.

Dem Vater war es wichtig, dass es mir gut ging, und zu dieser Zeit war es nicht das Schlechteste, in einem Kloster untergebracht zu werden. Vater wusste, dort würde ich regelmäßig mit Mahlzeiten versorgt und die Gemeinschaft würde sich auch sonst um mich kümmern. Ich hätte ein Bett, ein Auskommen und sogar die Möglichkeit, Lesen und Schreiben zu lernen. Es ist nicht weiter verwunderlich, dass Familien oft diesen Weg für ihre Kinder wählten, wenn sie nicht mehr wussten, wie sie sonst für sie aufkommen sollten.

Als der Tag des Abschieds kam, war ich schrecklich ängstlich. Wie sollte ich mich auch sonst fühlen? Der Pferdewagen stand schon am frühen Morgen auf dem Hof. Vater saß vorn und hielt die Zügel in der Hand. Ich hatte kaum Gelegenheit, mich zu verabschieden. Ein letztes Mal schaute ich nach den Gänsen und den Schweinen.

Dann musste ich meiner Schwester und den Brüdern Lebewohl sagen. Alles, was ich kannte und liebgewonnen hatte, sollte ich nun hinter mir lassen. Allzu gern wäre ich bei Vater und auf dem Hof geblieben. Dass ich nie wieder zurückkehren würde, konnte ich damals noch nicht ahnen. Der Wagen fuhr los. Tränen rannen mir übers Gesicht. Ich blickte mich um: Mein Zuhause wurde immer kleiner und kleiner, bis es schließlich am Horizont verschwand. Ich hatte keine Vorstellung davon, was auf mich zukommen würde. Ich wusste nur, dass sich nun etwas änderte.

Im Kloster

Das war also das Kloster. Ängstlich und zugleich neugierig blickte ich auf die hohen Steinmauern. Eine ungewisse Zeit lag vor mir. Es war kalt im Kloster, doch eine freundliche Nonne mit schwarzer Haube nahm mich in Empfang. Es war die Äbtissin, die Vorsteherin des Klosters. Sie trug ein schwarzes Kleid mit weißem Kragen, den Habit. »Die Benediktinerinnen haben sich der Gottesmutter geweiht, sie tragen daher alle den Namen ›Maria‹ vor ihrem eigenen Namen«, erklärte sie mir. Wahrscheinlich spürte sie mein Unbehagen, denn sie nahm mich an die Hand. »Hab keine Angst. Hier sind viele kleine Mädchen, sie lernen das Lesen und das Schreiben – und etwas Latein, so wie du nun auch«, sprach sie mir Mut zu.

Ich schaute mir alles ganz genau an und beobachtete die Laienschwestern bei ihrer Arbeit in Haus und Hof und die Chorfrauen beim lateinischen Singen und Beten. Wie schön das klang! So schwer kann das Leben im Kloster doch gar nicht sein, dachte ich zunächst. Schon im elterlichen

Haus hatte ich eine gute christliche Erziehung genossen und regelmäßig gebetet. Seit ich denken kann, hat der Glaube also meinen Lebensrhythmus bestimmt. Aber die Umstellung fiel mir dann doch nicht so leicht.

Plötzlich war der ganze Tagesablauf genau geregelt – beten, lernen und arbeiten von früh bis spät. Auf dem elterlichen Hof hatte ich am Morgen bei den Tieren vorbeigeschaut und dann konnte ich herumrennen und spielen. So etwas gab es nun nicht mehr. Jetzt hieß es den ganzen Tag: sitzen, beten, nicht reden und nicht lachen. Zum Lernen bekam ich ein Wachstäfelchen, in das ich sorgfältig die mir vom Katheder her vorgezeichneten Buchstaben ritzte. Oft musste ich das Wachs wieder glattstreichen, denn meine Buchstaben waren schief und ungenau. Wie viel lieber hätte ich ein paar Tiere von Vaters Hof gezeichnet. Doch das wurde nicht geduldet. Immer wieder wurde ich ermahnt zu üben und gerade zu sitzen. Manche Tage schienen gar nicht zu vergehen.

Noch weit vor dem ersten Hahnenschrei wurden wir aus den Betten geholt und zum Beten in die Kirche gebracht. Das einzige Licht, das wir dort in den dunklen Monaten sahen, gab eine Kerze auf dem Altar. Die Chorfrauen begannen zu singen und oft verspürte ich in der Dunkelheit und Kälte dieser Morgenstunden Heimweh nach Gut Zülsdorf, nach Vater und den Geschwistern. Wenn die ersten Sonnenstrahlen dann endlich die Kirchenfenster erhellten, durften wir zum Frühstück gehen. Danach begann der Unterricht und am Nachmittag erlernten wir den Umgang mit Nadel und Faden.

Bei den Mahlzeiten wurde kein Wort gesprochen, stattdessen lauschten wir aufmerksam den Lesungen aus dem Leben der Heiligen und beteten. Nicht reden – das fiel mir besonders schwer. Ich kann wohl mit Fug und Recht von mir behaupten, ein aufgewecktes Kind gewesen zu sein. Ich war an allem interessiert, wollte alles wissen und alles erlernen. Allerdings schickte sich das damals nicht für Weibsbilder. Frauen sollten sittsam sein, ruhig und bescheiden. Das lag mir zugegebenermaßen nicht so. Oft bekam ich Schelte, wenn ich mal wieder zu vorlaut wurde oder zu munter durch den Kreuzgang hüpfte. So vergingen Tage und Monate. Bald waren es Jahre geworden, in denen man uns zu Bräuten Christi erzog. Die Hoffnung auf eine Rückkehr nach Hause schwand langsam.

Im Alter von etwa zehn Jahren brachte man mich in das Zisterzienserinnenkloster »Marienthron« in Nimbschen bei Grimma. Den Grund dafür erfuhr ich nie, ich denke, er war wirtschaftlicher Natur, denn die Aufnahmegebühr oder Mitgift waren bei den Zisterzienserinnen in Marienthron niedriger als bei den Benediktinerinnen in Brehna. Vielleicht lag der Grund aber auch darin, dass meine Tante Margarethe von Haubitz Äbtissin in Marienthron war und eine weitere dort als Nonne lebte. Oder daran, dass Vater neu geheiratet hatte. Für mich war nun kein Platz mehr auf dem elterlichen Hof – und eine Heimkehr war damit endgültig ausgeschlossen. Also hieß es wieder Abschied nehmen. Abschied von Brehna, Abschied von den anderen Mädchen und all dem, was ich kannte und was mir vertraut geworden war.

Das Kloster in Nimbschen schien mir recht wohlhabend. Als ich dort ankam, lebten bereits über vierzig Nonnen in Marienthron. Innerhalb der Klostermauern entdeckte ich schon beim ersten Rundgang eine Mühle, ein Brauhaus, eine Schmiede, Viehställe, Scheunen, Obst- und Kräutergärten, ein Back- und ein Schlachthaus, ein Tuchmacherhäuschen und selbst einen Teich für die eigene Fischzucht. Es gab einen abgeschlossenen Klausurbereich und sogar einen direkten Zugang von den Schlafstätten aus in die Kirche. Das freute mich, denn so musste ich vor allem nachts nicht mehr ins Freie, um zu den Gebetsandachten zu gelangen.

Das Leben war auch hier streng geregelt. Ziel meiner Ausbildung war nun eindeutig die Vorbereitung auf das Leben als Nonne. Wir sollten doch alle würdige Himmelsbräute werden, die in Demut auf den Bräutigam warten! So begann auch hier der erste Gottesdienst vor Sonnenaufgang und der letzte endete nach Mitternacht. Dazwischen lagen weitere Stundengebete. Es gab zwei Mahlzeiten am Tag. Zweimal in der Woche wurde gefastet, ebenso wie in der Passions- und Adventszeit. In den Schlafräumen, dem Speisesaal und im Chor der Kirche herrschte strenges Stillschweigen. Zu den Mahlzeiten mussten wir den Becher mit beiden Händen umfassen, damit wir nicht in Versuchung kamen, zu schnell zu trinken.

Zur Erleichterung gab es aber einen allgemeinen Mittagsschlaf und in der Fastenzeit konnten wir den kargen Speiseplan mit Fischgerichten etwas erweitern, denn im Gegensatz zu anderen Tierprodukten durfte Fisch durchaus verzehrt werden.

Bald schon begann mein einjähriges Noviziat, die Vorbereitungszeit auf das Gelübde. Eine Zeit der Selbstprüfung für die Ehe mit Christus. Das bedeutete dauerndes Leben in Klausur, Keuschheit, Verzicht auf persönliches Eigentum, bedingungslosen Gehorsam gegenüber der Äbtissin, alle drei Stunden Gebete und dazwischen Studium und praktisches Arbeiten. Am 8. Oktober anno 1515 legte ich in Marienthron feierlich das Gelübde ab und schwor damit, in meinem irdischen Leben auf alle weltlichen Freuden zu verzichten.

Obwohl die Nonnen, die wie ich nun in Klausur lebten, für den wirtschaftlichen Betrieb im Kloster nicht zuständig waren, konnte ich ab und zu im Garten mitarbeiten und Kenntnisse in Kräuterkunde erlangen, die mir später noch sehr hilfreich sein sollten. Auch die Schriften der Hildegard von Bingen habe ich mit großem Interesse gelesen. Eine besondere Freude war es mir, dass die Siechenmeisterin mich in die Kunst der Kräuter und der Heilung einweihte.

Langweilig wurde es in Nimbschen jedenfalls nie. Unser Kloster besaß über dreihundert Reliquien, die an zwölf reich geschmückten Altären verehrt wurden. Damit lockte Marienthron als Wallfahrtsort viele Besucher an. Obwohl wir zu ihnen keinen direkten Kontakt hatten, trugen sie doch immer wieder Neuigkeiten ins Kloster hinein. So hörte ich hinter vorgehaltener Hand auch das erste Mal von Martinus Luther und seiner Kritik am Ablasswesen.

Meine unstillbare Neugier

Heimlich trugen Besucher die Kunde von dem aufrührerischen Mönch aus Wittenberg ins Kloster hinein, der die Lehren der Kirche in Frage stellte. Die dicken Klostermauern konnten gewiss einiges abhalten, dennoch war unsere Neugier auf diesen Martinus Luther und seine Gedanken bald geweckt. Die ersten Schriften Luthers waren unter anderem in Leipzig gedruckt worden und fanden auch auf Flugblättern rasche Verbreitung. Sie wurden überall begierig gelesen und schafften es bis zu uns ins Kloster.

Ganze Nächte habe ich damit verbracht, diese Texte bei Kerzenschimmer heimlich zu lesen. Nicht auszudenken, was passiert wäre, wenn man mich dabei erwischt hätte! Je mehr ich las, desto größer wurde mein Interesse. Was war das wohl für ein Mann, der so viel Mut hatte, sich gegen den Papst und den Kaiser zu stellen? Und hatte er recht mit seinen Aussagen? War das Klosterleben wirklich gar nicht so etwas Verdienstliches, wie man es uns immer eingeredet hatte? Bald hörten wir auch davon, dass Klöster gestürmt oder aufgelöst wurden.

Vielleicht war es gar nicht nur die Neugier, die mich und meine Mitschwestern umtrieb, sondern auch Angst. Angst davor, uns könnte das Gleiche geschehen. Würde bald vielleicht auch unser Kloster gestürmt? Was würde dann mit uns passieren? Elf Mitschwestern und ich beschlossen darum schließlich, Marienthron zu verlassen. Eine gefährliche Entscheidung, denn auf die Flucht aus dem Kloster standen schwere Strafen.

Unser Plan allein reichte jedoch nicht aus. Wir brauchten Hilfe. Heimlich schrieben wir Briefe an Luther und ließen diese aus dem Kloster schmuggeln. So kam es, dass der Torgauer Kaufmann Leonhard Koppe beauftragte wurde, uns zur Flucht zu verhelfen. Leonhard Koppe versorgte das Kloster schon lange. Daher war es nicht ungewöhnlich, dass er vorbeikam. Jedes Mal brachte er volle Heringsfässer nach Marienthron und nahm die leeren wieder mit heraus.

Genauso war es auch kurz vor Ostern 1523. Doch diesmal nahm er nicht nur die leeren Fässer mit hinaus aus dem Kloster, sondern auch uns.

Meine Mitschwestern und ich hatten uns zwischen den Fässern versteckt, die Planen schützten uns vor neugierigen Blicken.

Die Flucht

Zuerst führte uns der Weg nach Torgau. Dort brachte uns Leonhard Koppe in sein Wohnhaus, wo wir auch seine Frau kennenlernten. Sie war eine liebevolle Person und sehr prunkvoll gekleidet, wie es sich für die Gattin eines Kaufmanns gehörte. Es war ein großes Haus mit geräumigen Zimmern. Da standen wir also. Zwölf Nonnen im Habit und wir wussten genau: Jeder, der uns so sieht, merkt, dass wir die geflohenen Nonnen sind. Die Nachricht über unsere Flucht hatte sich nämlich längst wie ein Lauffeuer verbreitet.

Doch die Gattin des Kaufmanns hatte bereits Kleidung für uns besorgt. Zum ersten Mal seit fast zwanzig Jahren legte ich meinen Habit ab und schlüpfte in bürgerliche Kleider. Was für ein ungewohntes, aber auch befreiendes Gefühl! Eine Art spürbarer Beweis dafür, dass wir wirklich draußen waren.

Koppe selbst brachte nur neun von uns nach Wittenberg. Die anderen drei Mitschwestern hatten die Möglichkeit, zu ihren Familien zurückzukehren. Uns aber führte der Weg ins Ungewisse. Obwohl immer noch die Gefahr bestand, dass uns jemand als geflohene Nonnen erkannte, war es auch ein Hochgefühl, wieder auf einem Wagen zu sitzen und einem neuen Lebensabschnitt entgegenzureisen. Ein bisschen mulmig war mir zwar zumute, wie damals auf dem Weg ins Kloster, aber die Glücksgefühle über die gelungene Flucht drängten alles andere in den Hintergrund. Aus Erzählungen wussten wir, dass wir in Sicherheit waren, sobald wir die Stadttore Wittenbergs passiert hatten. Denn Kurfürst Friedrich hielt dort seine schützende Hand über Luther und seine Anhänger.

Ich sehe noch heute die Silhouette von Wittenberg vor mir – die Elbe, die Türme des Schlosses und die der Stadtkirche. Was würde dort auf uns zukommen? Würden die Menschen uns freundlich empfangen oder nicht? Wir fuhren über eine hölzerne Brücke und dann durch ein Tor in die Stadt hinein.

Offenbar hatte man uns schon erwartet und unsere Ankunft sprach sich schnell herum. Die Bürger flüsterten hinter vorgehaltener Hand: »Da sind die Nonnen.« Und: »Das sind die *geflohenen* Nonnen!« Wir fühlten uns nicht gerade wohl unter ihren neugierigen Blicken und hatten keine Ahnung, wie wir uns verhalten sollten. Wir alle waren froh, dass wir uns zur Flucht entschieden hatten. Aber was würde das Leben außerhalb der Klostermauern nun für uns bereithalten? Im Kloster wären wir bis zu unserem Tod abgesichert gewesen, jetzt lag eine ungewisse Zukunft vor uns.

Neugierig sahen wir uns in der Stadt um. Bald trafen wir auch Luther, der uns willkommen hieß. Er hatte bereits Familien für uns gefunden, bei denen wir erst einmal unterkommen konnten. Das sollte uns helfen, uns in das bürgerliche Leben einzugewöhnen.

In Wittenberg

Zunächst wohnte ich in der Bürgermeisterstraße bei Familie Reichenbach. Danach zog ich in das Haus des Malers Lucas Cranach und seiner Frau Barbara. In ihrem großen Haushalt konnte ich mitarbeiten und mich nützlich machen. Mit Barbara freundete ich mich schnell an. Sie war einige Jahre älter als ich und sie trug immer schöne und prunkvolle Kleider, denn sie war die reichste Frau der Stadt. Oft saßen wir gemeinsam im Gespräch über weltliche Themen. Es waren diese einfachen Dinge, die es mir leicht machten, mich in meinem neuen Leben einzufinden. Hier wurde ich nicht ständig ermahnt, nicht zu reden oder zu lachen, wie im Kloster. Es war eine schöne Zeit bei den Cranachs.

Bald half ich auch in der Apotheke der Cranachs mit. Meister Lucas hatte schnell bemerkt, dass ich mich gut mit Kräutern und anderen Mittelchen für Gesundheit und Haushalt auskannte.

Bei den Cranachs traf sich oft die halbe Stadt. Viele Unterstützer der Reformation kamen dort zum Essen und zu langen Gesprächen bei Bier und Wein zusammen. Nicht alle Menschen in Wittenberg begegneten mir so freundlich wie die Cranachs. Wenn ich durch die Gassen lief, warf mir manch einer unfreundliche Blicke zu. Ich gebe zu, dass ich nie auf den Mund gefallen war, und meine gegenüber durchschnittlichen Bürgerinnen gute Bildung ließ mich wohl oft stolz und hochmütig wirken. Wir entlaufenen Nonnen waren zum Stadtgespräch geworden.

Da man uns im Kloster die Haare ganz kurz geschnitten hatte, trug ich meine Haube immer ordentlich fest und sittsam. Doch eines Tages bemerkte mich eine Gruppe junger Studenten. Sofort begannen sie zu rufen: »Katharina von Alexandrien!« Sie verglichen mich mit einer Märtyrerin, die wegen ihrer gelehrsamen Streitbarkeit für das christliche Bekenntnis berühmt war. Die jungen Männer rissen mir die Haube vom Kopf und alle konnten meine kurzen Haare sehen. Um uns herum lachten alle und zeigten mit dem Finger auf mich. »Das ist eine der geflohenen Nonnen!«, riefen sie und ich wäre am liebsten im Erdboden versunken.

Noch im selben Jahr weilte König Christian II. von Dänemark für einige Zeit in Wittenberg. So beeindruckend sein Titel auch war, so war er doch als mittelloser und thronloser König in Wittenberg. Er hatte nicht viel Geld und wohnte zu dieser Zeit in einer Studentenbude. Dennoch saß er regelmäßig gemeinsam mit den Reformatoren am Tisch der Cranachs. Er schenkte mir einen goldenen Ring, der später mit einem Mittelring erweitert und mit einem roten Stein besetzt als mein Hochzeitsring diente.

Auch Luther bin ich in dieser Zeit ein paar Mal begegnet. Ich war dankbar, dass er uns bei der Flucht geholfen hatte und seine Schriften beeindruckten mich noch immer. Als Mann aber fand ich ihn zunächst völlig uninteressant.

Der Mann fürs Leben

Meinen ehemaligen Mitschwestern ging es anfangs ähnlich wie mir, aber dann fand eine nach der anderen einen Ehemann. Das war wichtig, weil wir einen Vormund brauchten und jemanden, der uns versorgte. Im Haus der Cranachs lernte ich einen jungen Studenten aus Nürnberg kennen: Hieronymus Baumgartner. Ich fand ihn nett und recht hübsch anzusehen und auch er war nicht abgeneigt. Die ersten Treffen mit ihm waren sehr ungewohnt. Ich war verhalten und ängstlich, aber ich spürte schon bald eine tiefe Zuneigung zu ihm. Als er um meine Hand anhielt, wollte mein Herz vor Glück fast zerspringen. Aber Hieronymus musste zunächst nach Nürnberg reisen, um seine Eltern um den Segen für die Ehe zu bitten.

Als er Wittenberg verließ, war ich noch voller Hoffnung, doch ich sah ihn nie wieder. Er meldete sich nicht einmal mehr bei mir. Ich war betrübt, die Gedanken an Hieronymus trieben mir die Tränen in die Augen. Ich hatte doch so sehr gehofft, endlich auch ein normales Eheleben führen zu können.

Luther selbst setzte sich für mich ein und schrieb nach Nürnberg, um Erkundigung über den Verbleib von Hieronymus einzuholen. Zunächst erhielt auch er keine Antwort, aber als er noch einen weiteren Brief hinterherschickte, kam die ersehnte Reaktion und mit ihr die traurige Gewissheit. Hieronymus' Eltern stimmten dieser Ehe nicht zu. Sie wollten nicht, dass ihr Sohn eine entlaufene Nonne zur Frau nahm. Stattdessen hatten sie schon eine andere in Nürnberg für ihn auserkoren. Als Luther mir diese Nachricht überbrachte, brach mir fast das Herz.

Ich hatte ein Problem – ich brauchte einen Mann, der mich versorgen würde. Sechsundzwanzig Jahre war ich inzwischen, für die damalige Zeit also schon fürchterlich alt. Eine so alte Frau wollte kaum jemand heiraten.

Martinus Luther schlug mir den Wittenberger Stiftsherrn Kaspar Glatz vor. Er war auch Theologe und gerade Pfarrer in Orlamünde geworden. Doch schon der Gedanke an eine Ehe mit ihm bereitete mir Bauchschmerzen. Er war alt und er war geizig. Ich sträubte mich und tat offen kund, dass ich diesen Mann nicht heiraten würde. Luther antwortete darauf erbost: »Welcher Teufel will sie denn haben? Mag sie den nicht, so mag sie noch eine Weile auf einen anderen warten.« Schließlich verkündete ich wütend, wenn man mich schon unbedingt an den Mann bringen wolle, dann würde ich nur Luther selbst nehmen.

Doch der hatte noch gar nicht über eine eigene Ehe nachgedacht und für sich noch keine Konsequenzen aus seinen Schriften über das eheliche Leben gezogen. Andere jedoch taten dies und ermunterten ihn immer wieder, doch endlich auch selbst zu heiraten. Im Winter und Frühjahr anno 1525 kamen wir uns dann in langen, teils theologischen Gesprächen näher und ein plötzlicher Sinneswandel schien ihn zu überkommen. Obwohl er sich bisher geweigert hatte, zu heiraten, weil er den Tod und die verdiente Ketzerstrafe ständig vor Augen hätte, waren wir uns bald einig. »Und kann ichs denn schicken, ihm (dem Teufel) zum Trotz, will ich meine Käthe noch zur Ehe nehmen, ehedenn ich sterbe«, meinte er und kündigte einigen engen Freunden unsere Hochzeit an. Dass er nun ausgerechnet mich zur Frau nehmen wollte, stieß bei fast allen auf Ablehnung und Unverständnis. Als wir dann in kleinstem Kreis geheiratet hatten, begannen sie, sich das Maul über uns zu zerreißen. Mir wurde unterstellt, ich hätte Martinus mit weiblicher List umgarnt.

Doch die politische Situation dieser Zeit forderte nun einmal eine Reaktion von ihm. Der Bauernkrieg im thüringischen Frankenhausen hatte bereits fünftausend Aufständische das Leben gekostet. Martinus hatte einiges versucht, um die fanatischen Bauern zu beschwichtigen. Aber wie er selbst einmal zu mir sagte, hätten Müntzer und die Bauern dem Evangelium so sehr geschadet, dass man es wieder ganz von vorne predigen müsse. Und so wollte er es nun nicht mehr nur beim Wort belassen, sondern mit der Tat überzeugen und im gleichen Zuge dem Wunsch seines Vaters nachkommen und ihm den letzten Gehorsam einer Ehe nicht verweigern.

»An Euch Jungfer Käthe, werde ich ein gut Werk der Barmherzigkeit tun«, sprach er zu mir und redete auch später noch davon, dass er sich meiner erbarmet habe. Er war damals nicht gerade voll Liebe und leidenschaftlichen Feuers für mich, aber er hatte mich gern und wollte mich ehren und werthalten all seine Tage. Wie sehr habe ich mir ein paar liebe und warme Worte gewünscht, doch Martinus dachte pragmatisch. Immerhin war er ehrlich und ich war mir sicher, dass er halten würde, was er versprach.

Unsere Hochzeit

Nachdem wir uns entschieden hatten zu heiraten, ging plötzlich alles ganz schnell. Martinus drängte zur Eile. Er wollte vollendete Tatsachen schaffen, denn üble Verleumdungen zwängen ihn dazu. Am Abend des 13. Juni 1525, es war ein Dienstag, welcher allgemein als günstig für Hochzeiten galt, wurden wir von unserem Freund Johannes Bugenhagen im Schwarzen Kloster zu Wittenberg getraut. Nur wenige wussten davon. Neben dem Ehepaar Cranach waren auch der Schlossprobst Justus Jonas und der Jurist Dr. Johann Apel zugegen.

Mit den Freunden saßen wir nach der Trauung beim Nachtmahl zusammen. Hier im einstigen Kloster sollte ich von nun an mit Martinus leben und meiner neuen Bestimmung als Hausherrin und später als Mutter nachkommen. Im Nebenraum war das Brautbett bereits hergerichtet. Wie es der Brauch wollte, geleiteten uns die Trauzeugen ins eheliche Schlafgemach und sahen zu, wie wir uns unter die Decke begaben.

Nun erst, mit der Kopulation, dem Niederlegen auf dem Ehebett unter Zeugen, sollte unsere Ehe als offiziell vollzogen gelten. Oh wie nervös war ich in diesem Moment! Wie hatte man es wohl recht anzufangen? Ich war völlig unerfahren und konnte keinen klaren Gedanken fassen. Doch wie soll man sich auch fühlen, wenn Keuschheit auf Keuschheit trifft. Zwar hatte ich meinem Gelübde schon mit der Flucht aus dem Kloster entsagt und alles stand mir frei, aber in diesem Moment flüchtete ich mich lieber ins Gebet als mit Martinus eins zu werden und zu »vollziehen« – was für ein merkwürdiges Wort!

Am folgenden Tag schrieb Martinus Briefe an seine Eltern und ausgewählte Freunde, um sie über unsere Eheschließung zu informieren und sie zu einer kleinen Feier einzuladen, die eine Woche später stattfinden sollte. Dann wollten wir den noch ausstehenden Kirchgang nachholen und mit der Familie und den Freunden feiern, wie ich es mir gewünscht hatte.

Obwohl manch böse Zunge davon sprach, dass der Teufel nun laut lache und wir wegen verwerflichen Handelns die Hölle zu erwarten hätten, erhielten wir auch viele liebevolle Glückwünsche und Geschenke. Ein Kasten für Wäsche und Kleidung erreichte uns aus Torgau, die Stadt Wittenberg schickte ein Fass Einbeckisch Bier und zwanzig Gulden, von der Universität bekamen wir einen hohen Deckelbecher mit vergoldeten Verzierungen und neben einem höheren Gehalt für Martinus überließ uns der Kurfürst das Schwarze Kloster, in dem wir nun wohnen konnten. Schnell habe ich für all diese Geschenke eine rechte Verwendung gefunden.

Martinus selbst bestellte bei Leonhard Koppe ein Fass besten Torgischen Biers, um mit den Freunden und Verwandten einen guten Trunk anlässlich unserer Heirat zu genießen. Obwohl unsere Gemüter oft schwer waren, da die Boten fast stündlich neue Nachricht von der Folterung und Hinrichtung der Bauern brachten, feierten wir am 27. Juni anno 1525 mit festlich gekleideten Gästen, vielen Blumen und köstlichen Speisen. Anlässlich unserer »Küsswochen«, wie er sie nannte – Ihr sagt wohl »Flitterwochen« –, unterbrach Martinus anschließend für ein paar Tage seine Vorlesungs- und Predigttätigkeit. Später erzählte er den vielen Gästen an unserem Tisch einmal, dass er sich im ersten Jahr der Ehe erst einmal sehr eingewöhnen musste. Saß er einst allein am Tische, so saßen wir nun beieinander und im Bette. Und wenn er die Augen auftat, gähnte ihn nicht mehr ein leeres Strohkissen an, sondern er sah ein paar Zöpfe neben sich liegen, die er früher nicht sah.

Das Leben im Schwarzen Kloster

Nun hieß es für mich, ein großes Haus zu führen. Das Schwarze Kloster liegt am östlichen Ende Wittenbergs, etwas abgelegen vom Trubel der Stadt. Hier lebten einst die Mönche, nun wurde es Zeit, den alten Mauern neues Leben einzuhauchen. Als ich das Gebäude zum ersten Mal gründlich in Augenschein nahm, schlich ich langsam durch die Räume und stellte mir vor, was ich alles daraus machen könnte. Ja, in meiner Fantasie sah ich schon alles fertig eingerichtet vor mir. Doch bis meine Träume Realität werden konnten, war noch einiges zu tun. Alles war verstaubt und schmutzig. Ich machte mich gleich an die Arbeit und begann zu putzen, zu fegen und herzurichten. Die Räume waren nur spartanisch eingerichtet und der Garten war verwildert. Ich nahm mir also vor, alles von Grund auf so einzurichten, wie ich es wollte.

In Luthers Schlafkammer stieg mir als Erstes ein muffiger Geruch in die Nase. Offensichtlich hatte er seit seinem Einzug vor zehn Jahren seinen Strohsack nicht ein einziges Mal erneuert. Er stank fürchterlich und war von unten bereits völlig verfault. An Schlaf, geschweige denn andere Dinge auf diesem Lager, mochte ich da gar nicht mehr denken! Sofort schaffte ich den Strohsack aus dem Haus und richtete neue Betten her. Langsam begann die Hausarbeit mir Freude zu machen. Ich hatte eine Aufgabe und wieder die Möglichkeit zu wirtschaften, wie ich es im Kloster gelernt hatte. Die Arbeit mit den Tieren, die ich nach und nach kaufte, erinnerte mich zudem an meine Kindertage auf dem elterlichen Hof. Ich konnte morgens nach den Gänsen, Enten und Schweinen sehen, konnte anbauen und ernten. Martinus ließ mir dabei freie Hand. So veränderte sich das Anwesen rasch vom verlassenen Kloster zum bürgerlichen Professorenhaushalt.

Ich ließ eine neue Badestube einrichten und verwandelte den früheren Klosterfriedhof in einen Obst- und Gemüsegarten. Die ehemaligen Mönchszellen im Dachgeschoss richtete ich her, damit Gäste, Studenten und Mitarbeiter der Universität bei uns unterkommen konnten. Die Studenten bezahlten für Kost und Logis, so kam etwas Geld in die Haushaltskasse. Doch das reichte bei weitem nicht aus, um unseren wachsenden Haushalt auf Dauer über Wasser zu halten.

Im Laufe der Zeit füllte sich unser Haus immer weiter. Oft klopften alte Freunde, Verwandte und auch Fremde bei uns an, die nicht wussten, wo sie sonst unterkommen konnten. Martinus nahm sie großzügig auf. Die Runde an unserem Tisch wurde größer und größer. Viele Mäuler hatte ich zu stopfen, doch die Waren auf dem Markt waren teuer. Also versuchte ich, durch eigenen Anbau das Nötige zu erwirtschaften.

Kurfürst Johann hatte uns das Kloster inzwischen ganz übereignet, mit Hof, Garten und Braurecht. Rasch wurde ein Brauhaus errichtet, damit ich selbst Bier für den eigenen Bedarf brauen konnte. Das Bierbrauen war ein wichtiges Hauptgewerbe damals, denn Bier galt nach Ziegenmilch als gesündestes Getränk. Milch sollte zunächst Schwangeren, kleinen Kindern und Kranken vorbehalten bleiben. Der Kurfürst hatte ein Gesetz erlassen, welches die Ziegenhaltung in Wittenberg einschränkte, denn die Tiere verursachten noch mehr Schmutz in den Straßen, als es eh schon gab. Deshalb brauten zahlreiche Haushalte in Wittenberg den schäumenden Gerstensaft. Mein Bier allerdings mundete Martinus besonders gut. Er lobte es in den höchsten Tönen und bat sogar einmal, als er auf Reisen war, darum, man möge ihm doch ein Fässchen davon schicken. Er sagte oft: Wenn ich ihm auch manchmal ein eher ungehorsames Weib sei, so sei es doch das Bier seines »Herrn Käthen« welches ihn immer nach Wittenberg zurückhole.

»Meine liebe Hausfrau, meine Herrin, mein Herr Käthen«, oh ja, wie oft ward ich so von ihm genannt. Er sagte das anerkennend, denn er wusste wohl, dass ich den Haushalt in Gang hielt. Vieles, was wir im täglichen Leben brauchten, stellte ich selbst her. Ich begann Ackerbau zu betreiben und Vieh zu züchten. So wurde aus mir, ehe ich mich versah, eine Gärtnerin, Bäuerin, Wirtschafterin, Brauerin und Imkerin. Ich überlegte stets, wie ich etwas selbst herstellen konnte. Das war auch bitter nötig, denn Martinus konnte schlecht mit Geld umgehen. Er machte es mir da nicht leicht, denn er warf unser Geld oft bedenkenlos zum Fenster hinaus.

Schon kurz nach unserer Hochzeit gerieten wir über dieses Thema in einen ersten Streit. Der Erzbischof und Kardinal Albrecht hatte uns zur Hochzeit ein Säckchen mit Gulden geschenkt. Das Geld konnten wir gut brauchen. Doch Martinus wies mich erzürnt an, ich solle das Geschenk unverzüglich zurückgeben. Denn der Kardinal war es gewesen, der Martins Thesen zur Begutachtung an die römische Kurie geleitet hatte und er war es auch, der den Ablasshandel in unseren Landen vorangetrieben hatte. So eng unsere finanzielle Situation auch war, von diesem Mann wollte Martinus keine Gaben annehmen. Ich jedoch schrieb einen Brief an den Kardinal, bedankte mich herzlich und nahm das Geld an. Dann versteckte ich es in einer Schatulle – für schlechte Zeiten.

Für uns entstanden durch die vielen Besucher natürlich auch Kosten und die Arbeit wurde nicht weniger. Ganz allein konnte ich den Haushalt nicht stemmen. Martinus war mir in diesen Dingen keine Hilfe. Er selbst sprach sich jedes Talent dafür ab und sagte: »Was das Hausregiment belangt, da sind die Weiber geschickter und beredter [...] wenn ich mich ums Bauen, Mälzen, Kochen würde kümmern, so würde ich bald sterben.«

So sei es drum, dachte ich bei mir und stellte einige Bedienstete ein. Auf dem Hof arbeiteten nun Knechte und Mägde. Ein großer Segen für den Haushalt war auch unsere Muhme Lene, meine Tante und ehemalige Mitschwester in Nimbschen Magdalene von Bora. Das Kloster Marienthron war tatsächlich nach meiner Flucht, wie viele andere Klöster damals, aufgelöst worden. Und wie die meisten ehemaligen Nonnen und Mönche wusste sie zunächst nicht, wohin. Einige der einstigen Brüder und Schwestern klopften bei uns an die Pforten und keiner von ihnen wurde abgewiesen. Ich hielt sie allerdings alle dazu an, sich auf die eine oder andere Art in unserem Hause nützlich zu machen, so dass es recht ruhig und reibungslos lief. Im Lauf der Jahre kaufte Martinus mir mehrere Gärten. Einen vor dem Elstertor, das »Gut Boos« vor den Toren Wittenbergs, einen Hopfengarten, einen Acker in Elzholz und später auch den ehemaligen Hof meiner Eltern, »Gut Zülsdorf«, den er mir aus Liebe schenkte. Stets bemühte ich mich, gut zu wirtschaften, und ich konnte oft etwas Geld für Notfälle zur Seite legen. In den Briefen, die Martinus mir schrieb, wenn er auf Reisen war, nannte er mich schon bald nicht mehr nur seine »freundliche[n] und liebe[n] Hausfrau, Katharina Luther von Bora«, sondern auch »Predigerin, Brauerin, Gärtnerin und Richterin auf dem Saumarkte zu Wittenberg«. Er wusste doch recht genau, was mich alles beschäftigte.

Einmal bat ich ihn, mir ein Stück Land für einen neuen Garten zu kaufen, doch er weigerte sich vehement. Immer wieder erklärte ich ihm, dass ich den Garten bräuchte, aber Martinus verstand nicht, was ich mit noch mehr Land anfangen wollte. Ich lernte allerdings schnell, wie ich bei ihm durchsetzen konnte, was ich für wichtig hielt. Schaute ich ein paar Tage lang traurig, bekam er ein weiches Herz. Kurzum: Er unterschrieb den Vertrag, den ich schon längst vorbereitet hatte und stellte lachend fest: »So haben die Weiber eine noch schärfere Waffe als die Zunge, nämlich die Tränen. Was sie mit reden nicht erreichen können, erlangen sie mit weinen.« Falsche Bescheidenheit konnte ich mir nicht leisten. Martinus merkte schnell, wen er da geheiratet hatte, und er hatte eine rechte Freude an meinen Fähigkeiten. So schrieb er einmal an einen Freund: »Die Welt hat nächst Gottes Wort keinen lieblicheren Schatz auf Erden, denn den heiligen Stand der Ehe. Gottes höchste Gabe ist, ein fromm, freundlich, gottesfürchtig und häuslich Gemahlin zu haben, mit der du friedlich lebst, der du darfst all dein Gut, ja dein Leib und Leben anvertrauen.«

Wir führten eine gute Ehe. Und hatte Martinus auch anfangs nicht gebrannt vor Liebe, so wollte er mich schon bald nicht mehr gegen Frankreich und Venedig eintauschen, wie er einmal sagte.

Unser Haus war immer gut gefüllt. Weitgereiste Männer, Gelehrte und Professoren disputierten mit Martinus und suchten Rat bei ihm. Viele Gedanken über die Fehler der Kirche und ein neues Verhältnis des Menschen zu Gott wurden an unserem Tisch entwickelt, gingen von unserer guten Stube aus ins Land hinaus und brachten Veränderung. Einige Studenten schrieben die Gespräche am Tisch fleißig mit. Martinus redete unheimlich gern und ich möchte behaupten, selbst wenn es nichts Sinnvolles zu sagen gegeben hätte, wären ihm noch genug Sätze eingefallen. Viele anregende philosophische Gespräche mit seinem Freund Philipp Melanchthon, der bei uns regelmäßig den Dichterkönig unter den Studenten kürte, regten Martinus zu neuen Gedanken an.

Ein wichtiges Thema war natürlich auch die Entwicklung der politischen Situation, sein Poltern gegen die Feinde und Pfaffen. Aber er redete auch über alltägliche, häusliche Dinge wie Kindererziehung, Knechte und Mägde. Martinus machte mich mit theologischen und kirchenpolitischen Problemen vertraut und auch, wenn ich gern mit scharfem Sinn an seinem beruflichen Wirken teilhatte, ließ er sich gerade in geistlichen Dingen von mir nichts sagen. Daher sprach ich am Tisch eher selten, es gelang mir aber nicht immer, den Mund zu halten. Das gefiel Martinus nicht besonders. Einmal meinte er: »Wenn ich noch einmal freien sollte, wollt ich mir ein gehorsam Weib aus einem Stein hauen, denn ich bin verzweifelt an aller Weiber Gehorsam«. Ganz so scharf, wie es klingt, meinte er es sicher nicht, denn manchmal

lobte er mich auch als gute Beraterin in Lebens-
dingen. Lobende Worte aus dem Munde meines
manchmal so sturen Mannes, der nicht nur mit
der Feder wütete, machten mich schon ein wenig
stolz und so war ich oft bei den Gesprächen am
Tisch zugegen.

Obwohl Martinus immer das letzte Wort für
sich beanspruchte, besprachen wir vieles mitein-
ander. Wir waren in unserem Haus gleichberech-
tigte Gesprächspartner und oft überließ er mir die
Übermittlung wichtiger Nachrichten an seine
Mitstreiter. Er übergab mir Verantwortung – und
ich nahm dies dankend an. Aus dem Respekt, den
wir füreinander empfanden, ist eine tiefe und ehr-
liche Liebe erwachsen.

Alleinsein

Als allseits gefragter Mann war Martinus sehr häufig auf Reisen. So war es für mich ein Segen, dass ich so viel im Haus und auf dem Hof zu tun hatte. Muhme Lene half mir sehr bei der Haushaltsführung. Sie kümmerte sich vor allem um die Kinder. Dennoch blieb nicht viel Zeit, Martinus zu vermissen und darüber nachzudenken, ob er wohlauf sei. Trotzdem machte ich mir bei jedem Abschied erneut Sorgen – es war nie sicher, ob er heil wieder zurückkehren würde. Er stand schließlich noch immer unter Bann und Reichsacht und jeder hätte ihn überfallen, verschleppen oder töten können. Da half mir nur mein Gottvertrauen.

Wenn wir längere Zeit getrennt waren, schrieb Martinus mir, so oft es möglich war, Briefe nach Hause, auf die ich stets antwortete. So konnte ich am Geschehen in der Ferne teilhaben und den anderen Gelehrten von neuen Entwicklungen berichten.

Mit seinen Briefen zeigte Martinus aber vor allem, dass er mich und die Kinder nie vergaß.

Manchmal musste ich tagelang auf seine Briefe warten. Umso glücklicher war ich, wenn die Boten der Fürsten neue Nachricht von ihm brachten.

Egal, welcher Arbeit ich gerade nachgegangen war, ich setzte mich gleich hin, las den Brief und antwortete. Anders als Martinus die meinen, bewahrte ich jeden seiner Briefe sorgsam auf. Darunter fanden sich bald immer mehr, in denen er mir von seinen quälenden Gesundheitsproblemen berichtete. Mit großer Sorge las ich diese Zeilen und fragte mich, wie es wohl weitergehen sollte, wenn er doch einmal nicht zurückkehren würde. Umso größer war natürlich die Freude, wenn er dann doch wieder heimkam und wenn ich sah, wie fröhlich die Kinder ihrem Vater entgegenrannten.

Kinder Gottes, nicht des Teufels

Trotz meines anfänglichen Unbehagens im Brautbett möchte ich behaupten, dem Schöpfungswil-
len Gottes, der in der Ehe verankert ist, gerecht
geworden zu sein, denn er schenkte uns über die
Jahre hinweg sechs Kindlein. Unser »Vollziehen«
wurde immer lustvoller, wir lernten, unsere Körper als Gabe Gottes zu verstehen und schenkten
sie einander, ganz so, wie der Apostel Paulus es
von Christen wollte.

Schwanger zu sein, war eine unbeschreibliche
Freude. Ich war zwar unerfahren und ängstlich,
aber auch erwartungsvoll. Zu den Sorgen, die sich
vermutlich jede werdende Mutter macht, kamen
bei uns allerdings noch Anfeindungen hinzu.
Man erhob schwere Vorwürfe gegen uns, weil wir
unser Gelübde gebrochen hatten. In einigen
Schriften wurde ich ganz persönlich angegriffen.
Ich versuchte, diese Stimmen nicht allzu sehr zu
beachten, aber manchmal ängstigten sie mich
doch sehr. Die Anhänger des Papstes meinten, ich
würde mit Sicherheit den Antichristen gebären,

weil Martinus und ich uns als Mönch und Nonne zusammengefunden hatten. Das machte mich traurig. Schon seit unserer Hochzeit wurden diesbezüglich Spottschriften veröffentlicht und manchmal trafen mich die Vorwürfe so hart, dass ich wirklich Angst bekam, ein Kind mit zwei Köpfen, einem Hinkefuß oder Klumpbein zu bekommen. Je näher der Geburtstermin rückte, desto nachdenklicher wurde ich.

Umso größer war die Freude, als am 7. Juni anno 1526 unser Sohn Hans gesund zur Welt kam. Er hatte nur einen Kopf, kräftige Beinchen und keinerlei Missbildungen. Martinus verkündete stolz: »Ich bin Vater geworden durch die wunderbare Gnade Gottes.«

Die Geburt war nicht leicht, doch Muhme Lehne war mir eine große Hilfe. Ich hatte ja schon einigen Frauen bei der Niederkunft beigestanden und versucht, ihnen die Schmerzen durch meine Kräutertees zu lindern. Doch nun half mir alle Theorie nicht weiter und ich war dankbar, dass Lene an meiner Seite war.

Am 10. Dezember im folgenden Jahr wurde unsere erste Tochter Elisabeth geboren. Wir benannten sie nach der Mutter Johannes des Täufers. Sie schien schon bei der Geburt sehr zerbrechlich und wollt auch danach nicht so recht zunehmen. Nach neun Monaten hat sie der Herr zu sich genommen. Unsere Herzen wurden schwer. Doch wie es schon Hiob bekannte, so sollten auch wir dem Schmerz widerstehen und uns mit der Erkenntnis der ewigen Seligkeit trösten – das hielt uns aufrecht, irgendwie.

Nach knapp einem Jahr wuchs erneut ein Kind in meinem Leibe und Martinus war voller Hoffnung, dass er wieder ein Töchterlein haben werde. Am sonnigen vierten Tag im Mai 1529 schenkte uns der Herr unsere Tochter Magdalena, die wir liebevoll Lenchen riefen. Sie machte uns froh, denn sie wuchs zu einem kräftigen und lustigen Mädchen heran.

Martinus schloss Lenchen besonders ins Herz. Als er sich 1530 auf der Veste Coburg aufhielt und mir das Stillen des Kindes nicht mehr so recht gelang, suchte er selbst Hilfe bei Argula von Grumbach, einer eifrigen Verfechterin der Reformation, die Martinus auf der Veste besuchte, und schrieb mir in einem eiligen Brief ihren wertvollen Rat. So etwas wäre damals wohl keinem anderen Mann in den Sinn gekommen.

Lenchen folgten am 9. Tage im November 1531 unser Sohn Martinus und am 28. Januar anno 1533 der kleine Paul, den wir nach dem Apostel Paulus benannten und der ein eher unauffälliges und ruhiges Kind werden sollte. Er war jedoch sehr sprachbegabt und studierte später bei Philipp Melanchthon die griechische und lateinische Sprache. Auf Melanchthons Rat hin wurde er später Mediziner und schließlich Leibarzt des Kurfürsten. Im Dezember 1534, am 17. Tage, kurz vor dem Fest der Geburt Christi, erblickte Margarete das Licht der Welt. Zu Ehren der verstorbenen Großmutter durfte sie deren Namen tragen. Für diese Weihnachtsbescherung dichtete Martinus ein Lied und schon bald sangen wir alle gemeinsam: »Vom Himmel hoch da komm ich her ...«. Es wurde reichlich gesungen bei uns im Schwarzen Kloster. Für Martinus gab es nichts Schöneres, als Gottes Wort in eingängige Melodien zu fügen. Er schrieb viele Lieder und komponierte neue Melodien auf der Laute.

Mutter und Vater sein

Mit der Erziehung der Kinder sahen wir uns neuen Herausforderungen gegenüber. Ich war im Kloster aufgewachsen und kannte alles andere als ein liebevolles Elternhaus. Martinus erzählte stets von seinem strengen Vater, der wenig Verständnis hatte, als sein Sohn sich für das Kloster entschied, weil er sich eine ganz andere Laufbahn für seinen Sohn erträumt hatte.

Die Verantwortung der Eltern ist groß, entscheiden sie doch über den Lebensweg des Kindes und vor allem auch über sein Heil im Jenseits. Ich möchte meinen, wir sind mit den Kindern gemeinsam in diese Aufgabe hineingewachsen. Aus dem manchmal so sturen Esel Martinus wurde ein liebevoller Vater. Er schrieb sogar Fabeln für unsere Kinder. Er herzte und küsste die Kinder und sie schafften es immer wieder, ihn von seinen Schriften wegzulocken.

So störte es Martinus auch wenig, wenn ihm Hänschen bei der Arbeit ein Lied sang, jedenfalls, wenn er es nicht zu laut tat. Oft haben wir über die

Tollpatschigkeiten der Kinder gelacht. Und: Martinus schreckte vor nichts zurück. Einmal stellte er fest: »Hans hat heut gelernt, mit gebeugten Knien in jede Ecke zu kacken, ja in der Tat hat er mit wundersamem Geschäft in jede Ecke gekackt!« Es störte ihn nicht weiter. Martinus hielt unser Familienleben hoch. Auch wenn Gelehrte mit am Tisch saßen, ließ er die Kinder auf seinem Schoße sitzen.

Sie brachten ihn auf fröhliche Gedanken, wo er doch von vielen Seiten geächtet wurde und nur bei uns in Wittenberg wirklich sicher war. Aber auch auf seinen Reisen dachte er immer an die Kinder und suchte nach Mitbringseln für sie.

Einmal war er sehr betrübt, da er auf dem Jahrmarkt zu Coburg stand und nichts fand, was er mitbringen konnte. So schrieb er einen Brief an Hänschen, in dem er ihm ein schönes Geschenk versprach, wenn er heimkomme, sofern Hans nur gut lernte und fleißig betete. Er wolle ihm einen hübschen, lustigen und schönen Garten mitbringen, wo viele Kindlein darinnen sind und güldene Röcklein tragen. Wo die Kindlein schöne Äpfel, Birnen, Kirschen und Pflaumen lesen und singen, springen und zu allen Zeiten fröhlich sind. Er habe dem Mann, dem der Garten gehöre vom Hänschen erzählt und gefragt, wie auch er in diesen Garten gelangen könne, und der Mann sagte: »Wenn er gern betet, lernt und fromm ist, so kann er auch in den Garten kommen«. Wie leuchtende Sterne strahlten Hänschens Augen, als er den Brief des Vaters las.

Die Erziehung der Kinder blieb im Wesentlichen mir überlassen und unliebsame Aufgaben blieben an mir hängen. Trotzdem hatte Martinus stets das letzte Wort. Obwohl ich zunächst alle Kinder selbst im Lesen und Schreiben unterrichtete, bestellte mein Mann für die Söhne schon bald Hauslehrer. Gute Bildung ist wichtig – für Jungs wie für Mädchen. Und so hielt ich es für notwendig, dass auch unsere Töchter durch die Hauslehrer unterrichtet würden. Martinus sah das anders. Er entgegnete mir forsch, dass lediglich die Männer für das weltliche, politische Regiment und Handeln durch Gott geschaffen sind und Weiber dazu nicht taugen. So unterrichtete ich die Töchter weiter und fragte mich, mit welcher Bibelstelle er diese Aussage wohl untermauern würde. Wie gut, dass Martinus sich später von seinem Freund Philipp überzeugen ließ, dass auch Mädchen in Schulen lernen durften.

Im Alter von dreizehn Jahren erkrankte unser Lenchen schwer. Sie hatte hohes Fieber und mochte nichts mehr essen. Wir pflegten sie zuhause und versuchten alles, um ihr zu helfen. Ich kochte Kräutertees, um ihre Schmerzen zu lindern, und Martinus saß Tag und Nacht an ihrem Bett, betete und hielt ihre Hand. Selbst Hans, der inzwischen in Torgau zur Schule ging, kehrte nach Hause zurück, da Lenchen immer wieder nach ihrem Bruder fragte. Als es ihr einfach nicht bessergehen wollte, fiel Martinus vor ihrem Bett auf die Knie, weinte bitterlich und bat Gott um Erlösung. Ich konnte das Sterben meines Kindes kaum ertragen. Ihr Blick wurde starr und ich war nicht im Stande auch nur einen Fuß vor den anderen zu setzen, ich atmete und meinte doch keine Luft zu bekommen. Eine unerträgliche Leere machte sich in mir breit. Am 20. Tag im September anno 1542 verließ uns Lenchen und ging zum himmlischen Vater.

Obwohl Martinus als Seelsorger schon viele Trauende getröstet hatte, konnte er selbst den

Schmerz nur schwer überwinden. Lenchen war ihm ja so besonders ans Herz gewachsen. Ich versuchte, mich mit Arbeit abzulenken. Die Tiere, die Ländereien, die Gäste und auch die anderen Kinder mussten versorgt werden. Martinus dagegen zog sich zurück, saß tagelang in seiner Studienstube, wanderte still durch den Garten und sprach mit niemandem ein Wort. Es war düster und traurig im Schwarzen Kloster.

Martinus stirbt

Auch um Martins Gesundheit sorgte ich mich mehr als einmal. Wie erschrocken war ich schon zwei Jahre nach unserer Hochzeit, als er plötzlich meinte, eine letzte Beichte ablegen zu müssen. Und welche Ängste habe ich ausgestanden, als der Kurfürst selbst mir riet, meinem Mann nach Schmalkalden hinterherzureisen, da man täglich mit seinem Tod rechne.

Nachdem er dann doch halbwegs gesundet wieder nach Wittenberg zurückgekehrt war, schrieb er ein Testament, mit dem er für mich und die Kinder das Auskommen sichern wollte. Ich sollte Alleinerbin sein und Vormund unserer Kinder, denen er seine Bücher vermachte. Ob dieses Testament später anerkannt werden würde? Normalerweise war dies so nicht üblich.

Inzwischen verband uns aber ein tiefes Vertrauen. Wir fällten fast alle Entscheidungen gemeinsam und Martinus war sich wohl sicher, dass ich einmal alles gut würde regeln können, wenn er es einst in meine Hand legte.

Martinus litt einige Male an schweren Schmerzen und sah sich schon auf des Todes Schippe sitzen. Es ist wahrlich ein Wunder, dass er so viele Anfechtungen unbeschadet überstand. Als der Kurfürst sich einmal nach seiner Gesundheit erkundigte, schrieb er ihm: »Der Krug geht so lange zu Wasser, bis er einmal zerbricht. Ich habe lange genug gelebt, Gott beschere mir ein selig Stündlein, darin der faule, unnütze Madensack unter die Erde komme«.

Während meine Gesundheit robust war, fühlte Martinus sich oft alt und schwach. In seinen letzten Briefen, die mich aus dem Mansfeldischen erreichten, versuchte er mir meine Sorgen um ihn auszureden, aber ich konnte zwischen seinen Zeilen erkennen, dass er sich nicht wohlfühlte. Er trug mir auf, den Kleinen Katechismus zu lesen. In diesem Büchlein hatte er mehrfach das dankbare Vertrauen auf gnädige Führung und Fürsorge Gottes betont, sowie die Hoffnung und Vollendung des irdischen im ewigen Leben. Er vertraute sich ganz der göttlichen Führung an und erwartete dies ebenfalls von mir. Er verstand nicht, welchen Schmerz es mir und den Kindern bereiten würde, wenn er plötzlich nicht mehr da wäre. Mein Vertrauter seit über zwanzig Jahren, der Mann, mit dem ich in Freud und Leid verbunden war.

Schon in der Nacht, bevor er zu seiner letzten Reise aufbrach, litt er an Schmerzen. Trotzdem wollte er nach Eisleben, um einen Streit zwischen den Grafen von Mansfeld zu schlichten. Ich war in Sorge. Doch es half nichts: Mit unseren Söhnen und seinen Freunden Justus Jonas und Michael Caelius machte er sich auf den Weg. Dass er von dieser Reise nicht zurückkehren sollte, ahnte ich damals dennoch nicht.

Noch ehe Martins letzter Brief, in dem er seine baldige Rückkehr ankündigte, mich erreichte, erhielt ich Nachricht über seinen Tod. Bugenhagen und Melanchthon standen plötzlich auf dem Hof des Schwarzen Klosters und versuchten, es mir schonend beizubringen. Aber schon an ihren Gesichtern konnte ich ablesen, was geschehen war. »Dein Martinus ist gestorben«, das waren die Worte, die meine Welt zusammenbrechen ließen. Wie versteinert ließ ich mich auf eine Sitznische des neuen Portals sinken, das ich meinem Mann zu seinem 57. Geburtstag geschenkt hatte. Mir war kalt und der Hof des Schwarzen Klosters verschwamm in den Tränen vor meinen Augen. Ich war nicht an seiner Seite gewesen, als Martinus fortging! Ich wünschte mir, ihn noch einmal zu sehen, ein letztes Wort mit ihm zu reden, noch einmal mit ihm darüber nachzudenken, was sich in unserem bewegten Leben alles ereignet hatte. Es gab so viele Dinge, die ich ihm noch hätte sagen wollen. Doch sein Herz war schwach geworden und so hat der Herr ihn zu sich gerufen am Donnerstag nach Valentin anno 1546 in der Stadt, in der er einst geboren und getauft wurde.

Erschrocken und tief betrübt ging ich meinen Verpflichtungen im Haus und gegenüber den Kindern nach. Kurfürst Johann sandte mir einen Brief, gerichtet an »Die Besondere«, in dem er mir sein Beileid aussprach und weitere Unterstützung für mich und die Kinder versprach. Auf seinen Wunsch hin sollte Martinus in der Schlosskirche zu Wittenberg beerdigt werden. Die Kosten dafür wollten er und die Universität übernehmen. Ich bräuchte mich nur um meine Trauerkleidung zu kümmern. Natürlich war ich dafür dankbar, aber in meiner Trauer wollte kaum ein Wort meine Lippen verlassen.

Als der Leichenzug wenige Tage später Wittenberg erreichte, folgte ich ihm mit den Kindern an meiner Seite. Es war ein langer Zug und die Glocken beider Kirchen zu Wittenberg läuteten. Gekommen waren Schüler und Geistliche, Beauftragte des Kurfürsten, die Grafen von Mansfeld, Martinus' Bruder Jakob und die Kinder seiner Schwester, der Rektor, Professoren, Doktoren und Magister, der Rat der Stadt, Studenten und einige Bürger. So viele wollten Martinus auf seinem letzten Weg begleiten. Still und langsam schritten wir hinter dem Sarg her.

Für unsere elfjährige Margarete war es ganz besonders traurig, da sie noch nicht recht verstand, dass sie den Vater nicht mehr wiedersehen würde. Unser treuer Freund Johannes Bugenhagen hielt die Leichenpredigt. Er redete von der Reformation und von politischen Umständen, aber von Martinus als liebevollem Vater sprach er kein Wort.

Und auch ich, Martins »herzliebe Käthe, Morgenstern zu Wittenberg«, wurde mit keinem Wort erwähnt, obwohl Martinus so oft davon gesprochen hatte, dass er es »seiner Katharina zu verdanken habe, dass ihn der Teufel noch nicht geholet hat.« Es stimmte mich traurig, denn ich verlor ja nicht nur meinen Gemahl, den großen Reformator, sondern auch einen treuen Weggefährten und die Kinder ihren Vater.

Wie sollte es nun weitergehen? Wir hatten in den letzten Jahren zwar beträchtliches geschaffen und gehörten mittlerweile zu den wohlhabenden Bürgern der Stadt, aber das Bargeld war dennoch knapp. Das von Martinus anno 1542 aufgesetzte Testament wurde von Kurfürst Johann gegen den Willen seines Kanzlers weitgehend bestätigt. Leider gelang es ihm aber nicht, das Gesetz soweit zu beugen, dass auch die Vormundschaft für die Kinder in meiner Hand blieb. Ich erhielt meinen Bruder Hans, meinen Schwager Jakob und den Wittenberger Bürgermeister zu Vormündern, so blieb ich wenigstens handlungsfähig.

Ich beschloss, mit den Kindern weiter im Schwarzen Kloster zu leben und eröffnete nach kurzer Zeit die Burse im Haus wieder. So hatte ich die Möglichkeit, noch etwas Geld hinzuzuverdienen. Denn obwohl ich jährlich vom Kurfürsten Unterstützung für die laufenden Kosten erhielt, reichte das Einkommen nicht aus und ich musste einige Angestellte entlassen. Nach Martins Tod kamen allerdings kaum noch Studenten und Gäste, denn sie hatten ja mit ihm gemeinsam am Tisch sitzen wollen. Jetzt, wo er nicht mehr da war, hatte es unsere Herberge schwer. Manche Händler weigerten sich sogar, mir Waren zu verkaufen, weil sie Angst hatten, dass sie ihr Geld nicht bekommen würden. Das Witwendasein gestaltete sich schwer.

Hinzu kam, dass ich mit den Kindern mehrmals aus Wittenberg fliehen musste. Wir flohen vor dem Schmalkaldischen Krieg, vor den kaiserlichen Truppen und vor der Pest. Wenn wir nach Wittenberg zurückkehrten, war jedes Mal vieles zerstört oder geplündert worden und ich musste immer wieder von vorne anfangen.

Schon ein halbes Jahr nach Martins Tod mussten wir Wittenberg das erste Mal verlassen. Der Schmalkaldische Krieg begann und Kaiser Karl V. versuchte die protestantischen Länder zurückzugewinnen. Als Witwe des Reformators war auch ich in Gefahr. Ich floh mit den Kindern über Dessau nach Magdeburg. Kurz vor Ostern kamen wir nach Wittenberg zurück, aber kaum angekommen mussten wir erneut fliehen. Kurfürst Johann war in der Schlacht bei Mühlberg in Gefangenschaft geraten und die Truppen des Kaisers standen vor Wittenberg. Ich versuchte, an den Hof des dänischen Königs Christian II. zu kommen, doch dann entspannte sich die politische Lage und wir konnten erneut nach Wittenberg zurückkehren. Ich begann, alles wiederherzurichten, der Besitz war durch den Krieg schwer in Mitleidenschaft gezogen.

Unter Martins einstigen Anhängern kam es zu heftigen Auseinandersetzungen. Jeder behauptete, er wisse ganz genau, was Luther in seinen Reden und Schriften gemeint habe. Manchmal dachte ich mir: Wenn Martinus das alles hören könnte! Viele haben seine Worte für ihre eigenen Zwecke benutzt oder die Durchsetzung eigener Interessen mit seinem Namen gerechtfertigt. Man zog politisch die Fäden auf eine Art und Weise, die es zu seinen Lebzeiten so wohl nie gegeben hätte. Martinus suchte immer nach Antworten auf die Fragen, die ihn selbst bewegten, und wenn er sie gefunden hatte, trug er sie nach bestem Wissen und Gewissen in die Welt.

Die Reformation war von einem geistlichen zu einem politischen Ereignis geworden.

Meine letzte Zuflucht

Im Sommer 1552 brach in Wittenberg erneut die Pest aus und die Universität zog daraufhin nach Torgau um – mit ihr mein Sohn Martin.

Die Pest wütete häufig in Wittenberg. Martinus und ich sind mit den Kindern immer dort geblieben. In diesen Zeiten wurde aus unserem Schwarzen Kloster ein Siechenheim zur Pflege der Kranken. Mit Muhme Lene bereitete ich Kräutergüsse und wir legten Umschläge auf die Beulen.

Die Pest war auch als der schwarze Tod bekannt. Sie befiel zuerst die Tiere und dann die Menschen. Es bildeten sich schwarze Eiterbeulen auf dem Körper und wenn sie aufgingen, gab es nicht mehr viel Hoffnung für den Kranken.

Obwohl wir die Pest bisher selbst immer unbeschadet überstanden hatten, fühlte ich mich nun zu schwach. Die Torgauer Ratsherren hatten mir Zuflucht angeboten und dies veranlasste mich im Herbst, etliches Hab und Gut zu packen und nach Torgau zu reisen. Als ich mit Margarete und Paul auf dem Wagen saß, schauten wir noch einmal zurück auf das Schwarze Kloster. Wieder hieß es: Alles zurücklassen und den Aufbruch ins Ungewisse wagen.

Unsere Ankunft in Torgau gestaltete sich anders als erwartet. Kurz vor den Toren der Stadt scheuten die Pferde unseres Wagens. Ich versuchte, sie zu beruhigen und im Zaum zu halten, aber dann ging plötzlich alles ganz schnell. Ich fiel vom Wagen und hörte meine Tochter noch nach mir rufen. Dann waren da nur noch Schmerzen, starke Schmerzen. Gezeichnet kam ich im Haus auf dem Scharfenberge zu Torgau an.

Die Ärzte meinten, ich hätte mir einen Hüftknochen gebrochen. Im Krankenbett tröstete ich mich mit dem Wort Gottes und betete um einen friedvollen Ausgang aus diesem kummervollen Leben. Den Kindern befahl ich, die reine Lehre, die der Herr durch ihres Vaters Stimme wiedergegeben habe, unverfälscht auch an ihre Kinder zu vererben, denn ich spürte, dass ich mich von diesem Unfall nicht mehr erholen würde.

Am 20. Dezember 1552, bat ich Gott, mich von den Schmerzen zu erlösen und zu meinem Mann

ins Himmelreich zu führen. Ich blickte noch einmal auf ein erfülltes und bewegtes Leben zurück
und schlief ein.

Dankbarkeit

Wittenberg hat sich verändert. Wenn ich heute durch die Stadt gehe, sehe ich die markanten Punkte, die ich aus meiner Zeit noch kenne: die Stadtkirche, das Schloss und die Schlosskirche und das Rathaus. Sie stehen noch am selben Platz, aber rundherum ist alles neu. Damals war Wittenberg gemütlich und schmutzig zugleich. Heute ist es groß und stattlich. Es ist wunderschön geworden. Die großen prächtigen Steinhäuser, die entstanden sind, machen es schwer, sich in die damalige Zeit hineinzuversetzen. Zu meiner Zeit war alles voller Schlamm und Morast, die Schweine liefen über die Straßen, Pferdewagen fuhren umher und wir Frauen versuchten, von einem Stein auf den anderen zu springen, um unsere Rocksäume vor dem Schmutz zu bewahren.

Vor fünfhundert Jahren war die Stadt belebter als heute. Überall war reges Treiben auf den Gassen. Leider sind heute auch die Kirchen leerer. Früher gehörte der Glaube zum Alltag. Wenn Martinus die wenigen Gottesdienstbesucher heute sehen könnte, würde er die Hände zum Gebet erheben und sich wünschen, dass die Menschen ihren Glauben wiederfinden. Für ihn standen immer der Glaube und die Heilige Schrift im Vordergrund, das hat er sich auch für andere gewünscht. Ich bin stolz, dass man ihn nicht vergessen hat, aber ich würde mir wünschen, dass man nicht nur seinen Namen verehrt, sondern auch seine Lehren mehr beherzigt. Seine Gedanken leben fort – und das nach fünfhundert langen Jahren. Egal, wohin man geht, man kommt an Martinus Luther nicht vorbei. Zumindest nicht, wenn man sich auf protestantischem Boden befindet. Fast überall hängen Bilder von ihm, gezeichnet von Lucas Cranach. Auf manchen bin sogar ich zu sehen! Man hat uns beide nach seinem Tod nicht vergessen. Mich macht das stolz und es zeigt die Dankbarkeit für seinen Mut – heute, in einer Zeit, in der alles selbstverständlich scheint. Es würde sich lohnen, wenn jeder wieder mehr Dankbarkeit üben würde.

Wir Kirchenfrauen

Ich staune und freue mich über die vielen Bücher, die sich heute mit meinem und dem Schicksal anderer Frauen befassen, die in schweren Zeiten Mut und Kraft bewiesen haben. Sie erzählen davon, dass wir eine wichtige Rolle für die Reformation gespielt haben. Nun, ich kann euch sagen – Frauen hatten es im 16. Jahrhundert nicht leicht. Wir waren unmündig, hatten nichts zu sagen, mussten Kinder gebären und großziehen und die Suppe rechtzeitig auf den Tisch stellen, damit niemand hungerte. Alle Entscheidungen wurden von den Männern getroffen und es interessierte wenig, was die Frauen dachten. Es gäbe so viele Frauen, über die geredet werden müsste, nicht nur aus meiner Zeit, sondern auch davor und danach.

Viele waren klug, fleißig und mutig. Sie haben um Dinge gekämpft, die sie nicht für sich allein erreichen wollten. Viele sind mutig vorangegangen und haben damit Grenzen durchbrochen und den Weg für andere bereitet. Wir haben gewirtschaftet, die Kinder aufgezogen, das Haus und den Hof in Ordnung gehalten und wir waren stets um das Wohl der Familie bemüht. Martinus und andere Männer konnten sich so auf ihre Arbeit konzentrieren und über ihren Schriften sitzen.

Martinus hatte keine Geheimnisse vor mir und auch in Fragen der großen Politik war ich ihm eine wichtige Gesprächspartnerin, wie er oft erwähnte. Natürlich weiß ich nicht, ob auch in anderen Ehen die Männer auf die Meinung ihrer Frau gehört haben oder nicht, aber teilweise gab es das sicher. Meine Ansichten sind oft in Martins Gedanken mit eingeflossen und nach meiner Zeit wurde es immer üblicher, dass Frauen mit den Männern gemeinsam am Tisch saßen und mit ihnen diskutierten. Später durften sie sogar eigene Entscheidungen treffen. Im Grunde gibt es im 21. Jahrhundert viele Frauen, die das Gleiche tun, wie ich damals, aber sie werden dafür anerkannt. Sie führen Unternehmen, sind Geschäftsleute, erziehen nebenbei ihre Kinder, halten Haus und Hof in Ordnung. Es ist anders als im 16. Jahrhundert, aber doch auf eine gewisse Art und Weise gleich. Wir haben Lanzen gebrochen, davon profitieren Frauen in der heutigen Zeit.

Ich finde es ausgezeichnet, dass es heute Pastorinnen gibt! Martinus selbst hätte das sicher nicht gefallen. Zu mir sagte er immer, dass es reiche, wenn ich im Haus predige und dass er froh sei, dass ich nicht auch noch auf der Kanzel stehe. In kirchenpolitischen Dingen hatte eine Frau nichts zu melden. Vor fünfhundert Jahren lernten Frauen höchstens im Kloster oder am Hof das Lesen und Schreiben, die meisten erhielten gar keine Bildung. Es ist einfach großartig, dass man heute Pfarrerinnen und Bischöfinnen begegnet. Sie können sich vielleicht ganz anders in Menschen hineinfühlen und diese wieder auf den Weg des Glaubens und Dankens begleiten.

Wenn Martinus heute in der Stadtkirche sitzen würde, würde er wohl schimpfen, wenn eine Frau die Predigt hält. Vielleicht wäre er aber auch tief davon beeindruckt, was sie von der Kanzel aus bewirken kann.

Lebensdaten

29. Jan. 1499	als Tochter des Hans von Bora und seiner Ehefrau Katharina von Haugwitz geboren, wahrscheinlich auf Gut Lippendorf nahe Leipzig
1500	Geburt der Schwester Maria
1504	Einschulung in der Klosterschule der Benediktinerinnen zu Brehna
1509	Umsiedlung ins Zisterzienserinnen-Kloster Marienthron in Nimbschen
8. Okt. 1515	Gelübde als »Braut Christi«
1518	Ewiges Gelübde
Ostern 1523	mit elf Mitschwestern Flucht aus Marienthron
Okt. 1523	Einzug im Haus Lukas und Barbara Cranachs in Wittenberg
13. Juni 1525	Hochzeit mit Martin Luther im Schwarzen Kloster
27. Juni 1525	Hochzeitsfest

7. Juni 1526	Geburt des Sohnes Johannes (†1526)
10. Dez. 1527	Geburt der Tochter Elisabeth (†1528)
4. Mai 1529	Geburt der Tochter Magdalena (†1542)
7. Nov. 1531	Geburt des Sohnes Martin (†1565)
28. Jan. 1533	Geburt des Sohnes Paul (†1593)
17. Dez. 1534	Geburt der Tochter Margarethe (†1570)
18. Febr. 1546	Martinus Luther stirbt
Frühjahr 1546	Flucht vor dem Schmalkaldischen Krieg nach Magdeburg, im Juli Rückkehr
Mai 1547	Flucht in ein evangelisches Kloster nach Braunschweig, im Sommer Rückkehr
Sept. 1552	Flucht vor der Pest nach Torgau mit den beiden jüngsten Kindern Paul und Margarethe, unterwegs erleidet sie einen Unfall
20. Dez. 1552	Tod in Torgau (in der Katharinen- straße, damals die Straße »Im Sack«)

edition chrismon

DAS GESICHT
der Reformation

Bernhard Naumann ist Martin Luther

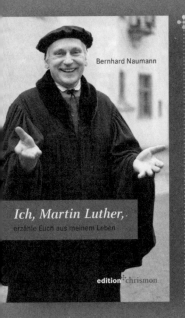

Bernhard Naumann

Bernhard Naumann

Ich, Martin Luther,
erzähle Euch aus meinem Leben

edition chrismon

Bernhard Naumann

ICH, MARTIN LUTHER,
erzähle Euch aus meinem Leben

Seit zwanzig Jahren begegnet
man ihm in Wittenberg auf Schritt
und Tritt: dem Luther-Double
Bernhard Naumann. Mit wehendem
Talar und lauter Stimme gibt er
den Reformator Dr. Martin Luther.
Jetzt gewährt der gebürtige
Wittenberger in seinem Buch
Einblicke in das Leben des
Reformators: historisch fundiert
und sehr unterhaltsam.

80 Seiten | Klappenbroschur
11 x 18 cm
ISBN 978-3-96038-101-3
EUR 7,00 (D) | 7,20 (A)
Bestellnr. 238101